文／布莉姬・拉貝 Brigitte Labbé & 米歇爾・布許 Michel Puech
圖／傑克・阿薩 Jacques Azam　翻譯／劉德馨

米奇巴克
MAGICBOX

目錄

一切都很難說 ……………………………… 3
太陽不要下山！ …………………………… 5
你想做心算，還是看錄影帶？ …………… 6
科學家的疑問 ……………………………… 8
我們不是機器人！ ………………………… 11
這顆飢糖果？那顆飢糖果？ ……………… 12
一切靠運氣？ ……………………………… 14
倒楣的椰子 ………………………………… 16
負責任 ……………………………………… 18
我決定了，我要休學！ …………………… 19
請給我多一點燈光 ………………………… 21
守法，也可以很自由 ……………………… 23
我要去看奶奶 ……………………………… 25
幫我做決定！ ……………………………… 27
太可惡了！ ………………………………… 29
…但是 ……………………………………… 30
沙漠、喇叭和愛麗絲 ……………………… 32
有時候，自由會害死自由 ………………… 34
自由有什麼用呢？ ………………………… 36
小小哲學咖啡館 …………………………… 42
主題討論：自由與不自由 ………………… 44

一切都很難說

我知道世界盃足球總決賽的那天晚上,爸爸會整晚盯著電視。

我知道他一定會看球賽,不過,他還是有可能改變主意,關掉電視去做其他事情。

我知道媽媽早餐都會喝茶,而且會加兩顆糖。

我知道她習慣喝加了糖的紅茶,不過,她還是有可能改變主意,改喝不加糖的咖啡。

我知道如果不把錢收好,就會被哥哥拿走。

不過,他也可能改變主意,決定把錢留給我。

一切都很難說!

但有些事是很確定的。如果我把遙控器的操縱桿往右,我的玩具車就會向右走;如果我把電腦設定在每晚十點關機,電腦就會準時十點關機,沒有一次例外。

我們無法預測一個人的行為,也無法確定他下一步會怎麼做。人類和機器不一樣,我們無法遙控一個人,也無法用程式設定。人類是自由的。

太陽不要下山!

我希望明天是晴天;我不希望爸媽變老;我不要太陽下山;我希望三十秒內頭髮馬上變長,還要有美麗的綠眼珠;我決定從現在開始停止長大;我希望變成一隻蝴蝶,再把你變成一隻黑猩猩,而且我決定從現在起,世界上再也沒有死亡…

不過,我們無法決定明天的天氣;我們會長大、變老、死去,這不是我們能控制的;當然,我們永遠不可能變成蝴蝶或黑猩猩…在這樣的情況下,我們會覺得不自由。

也就是說,當我們自己能夠決定一件事時,才會覺得自由。

你想做心算,還是看錄影帶?

如果有一隻蚊子在身邊飛來飛去,卻沒有叮我們,我們不會說:「這隻蚊子真好心,牠決定不叮我!」我們可能會想:「好險!牠剛剛一定叮了別人,已經吃飽了!」或是「幸好,牠不喜歡我身上的味道。」

我們通常不會認為,是蚊子自己「決定」不叮我們!如果蚊子不叮我們,有可能是因為牠已經吃飽了,蚊子不會因為心情不好就決定不吃東西。就像受到磁鐵吸引的小鐵片,它會被距離最近、體積最大的磁鐵吸引,小鐵片無法自己決定要被哪塊磁鐵吸引,它只會往吸力最強的地方移動。

你想做兩小時的心算,還是看錄影帶?

你想挨揍,還是收到禮物?

你想要一輛破舊的老爺車,還是一輛新車?

你希望自己英俊、聰明又富有,還是醜陋、愚蠢又貧窮呢?

如果我們選擇甲,而不選乙或丙,通常是因為甲比其他選項有更多的好處。所以,當我們回答上面那些問題時,會不會像蚊子或小鐵片一樣,不由自主地被吸力最強的那一邊吸引呢?每次做選擇的時候,我們是不是一定會選擇好處最多的選項呢?

幸好,我們並不是每次都這麼做。如果我們總是選擇好處最多的選項,那麼在我們做選擇之前,答案早就已經決定好了。這麼一來,我們也無法利用自己所擁有的自由來做選擇了。

科學家的疑問…

科學家發明了機器人,它們和人類一樣會吃東西、喝飲料、睡覺、上廁所,還會玩牌。而且,這些機器人很聰明,它們擁有的知識和科學家一樣多。

「不過,有一件事很奇怪…」穆格心想:「我們設計了一萬個機器人,沒有一個機器人會抽煙,可是,很多科學家都會抽煙。當初設計程式的時候,一定有什麼地方弄錯了。」

於是,穆格找出「香菸相關資訊」的檔案。他跳過香菸文化、種類和產地…直接開啟「香菸和你」這個檔案。

上面寫著:「第一次抽菸的滋味不太好受,我們會咳嗽,甚至會覺得噁心,可是試了幾次之後,你會開始習慣菸味。有時候喝了酒或咖啡之後,抽菸的感覺

更好,你會覺得很放鬆,心情也會變得平靜。抽菸還會降低食慾,讓身材不再發胖。有些人抽菸之後,也會變得比較不害羞。

然而,大部分的人抽了幾個禮拜的菸之後,就再也戒不掉了,甚至有些人會三更半夜跑到很遠的地方,就只為了買一包菸。抽菸會讓皮膚漸漸變得暗沉,牙齒和指甲也會變黃,衣服、頭髮和嘴巴都是菸味,然後肺會變得又黑又髒,常常喘不過氣,而且早上起床

的時候會一直咳嗽。最可怕的是，罹患癌症的機率很高，尤其是肺癌和鼻咽癌。有數百萬人因為抽菸而喪命…」

穆格看到這裡就停了，但是後面還有好幾頁關於抽菸的壞處。

「機器人的程式設計並沒有錯，上面說的全都是事實。」穆格邊搖頭邊想：「沒錯，抽菸的壞處很多，的確會讓人感到害怕，所以現在我明白機器人不抽菸的原因。可是，既然大多數的人都知道抽菸的壞處，什麼人們還繼續抽菸呢？」

穆格，這是個好問題！

在做任何決定之前，機器人會分析比較所有的好處和壞處。而且，機器人知道各種抽菸的壞處，所以決定不抽菸，它們才不會讓自己因為抽菸而生病呢！

我們不是機器人！

　　和機器人比起來，人類複雜多了。關於香菸的知識，人們知道的和機器人一樣多，但是人們還是有可能抽菸。雖然知道抽菸對健康不好，甚至可能得癌症而死亡，但是人們卻無法因此而不做蠢事。

　　正因為人和機器人不同，即使知道一件事情的好處和壞處，我們還是有可能選擇去做壞處比較多的事情。如果沒有選擇的自由，我們就會變得像機器人或電腦一樣。

「當然囉！」穆格心想：「我可以自己決定抽不抽菸，就是因為我有選擇的自由呀！」

「雖然，有時候我並沒有好好運用我的自由，甚至可能利用它做出對自己不利的選擇。我承認，這麼做似乎很蠢！可是我寧願擁有這樣的自由！」

很明顯地，我們不一定會利用自由來做對自己有利的事，就像抽菸或喝酒。不過重要的是，我們有選擇的自由。擁有自由讓我們和機器人有所區別，讓我們能夠發展自己的身心，並且擁有獨一無二、屬於自己的個性。

這顆紅糖果？那顆紅糖果？

穆格和他的機器人坐在桌子前面。

桌上有兩顆紅色糖果，它們的大小、重量和味道都

一樣。機器人可以吃一顆糖果,不過它必須做選擇。穆格在旁邊觀察機器人,但是它一動也不動,一直看著糖果。一個小時過去了,兩個小時、三個小時、一整天都過去了,機器人還是沒有做出選擇。

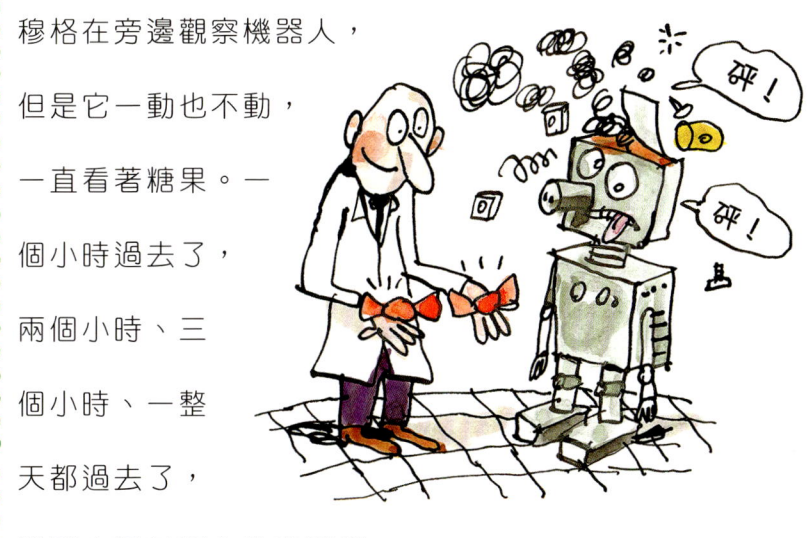

機器人沒辦法做選擇,即使過了一百年,它還是吃不到糖果。因為這兩顆糖果大小、重量和味道都一模一樣,機器人找不到理由來做選擇,所以它沒辦法決定要吃哪顆糖果。但是,在同樣的情況下,人類可以自己決定要吃哪顆糖果,我們不需要特別的理由,就只是想吃糖果而已。有時候,我們不需

要特別的理由就能做決定,這就是一種自由。

一切靠運氣?

這麼說來,自由到底是什麼?難道要拋棄我們所擁有的知識,忘記我們知道的事情,不需要任何理由,一切憑直覺或運氣來做決定嗎?當然不是!

新學期開始了,喬安必須做幾個決定:
・繼續踢足球或是改玩橄欖球?
・學英文或是學德文?
・跟潔西卡約會,或是和艾瑞兒約會?
・弟弟向爸媽打小報告。他應該揍弟弟一頓,還是算了呢?

喬安隨時都帶著一枚銅板,他決定擲銅板來決定。

・如果是反面就繼續踢足球。他擲了銅板——是正面！所以他改玩橄欖球。

・如果是反面就學英文。他擲了銅板——是反面！所以他要去學英文。

・如果是反面就跟潔西卡約會。他擲了銅板——是正面！所以他必須跟艾瑞兒約會。他心想：「真可惜！潔西卡住得比較近。」

・如果是反面就去揍弟弟一頓。他擲了銅板——是反面！所以他會去揍弟弟。

也許喬安會覺得，這些是他自由選擇的結果，因為沒有人強迫他。但是當他做決定的時候，並沒有經過思考，而是以擲銅板的方式，讓機率幫他做決定。喬安並沒有真正使用他的自由。其實，當我們

做選擇的時候，應該認真思考每個選項，以及選擇的理由，然後依照自己的想法和意願，決定該怎麼做比較好，這樣才能發展出自己的個性。

倒楣的椰子

這天法院要開庭，到處擠滿了人，而法官正在向大家解釋事情發生的經過。

法官說：「有一天，提魯先生在一棵椰子樹下睡午覺。提魯太太來找他的時候，發現提魯先生昏倒了，而且滿臉都是血。提魯太太趕緊將他送到醫院的急診室，雖然沒有生命危險，但他的一隻眼睛已經瞎了。出院之後，提魯先生告上法院，希望罪魁禍首可以受到懲罰。因為他原本是飛行員，而現在一隻眼睛看不見，再也無法工作了。」當法官講完後，大家都轉頭看著被告———一顆巨大的椰子。

這個故事聽起來似乎很荒謬，我們可能會認為：「提魯先生在椰子樹下睡午覺，所以他自己才是罪魁禍首！」或「真是胡說八道！椰子不會講話，也不能替自己辯護呀！」或是「打官司也沒有用，椰子根本不可能付賠償金給提魯先生…」

但是，我們會覺得這個故事荒謬，是因為椰子根本沒辦法為提魯先生的傷負責。椰子沒辦法負責，因為它不自由，不管是掉下來還是繼續待在樹上，都不是它能決定的。因為椰子不自由，所以它不必負責。

負責任

- 蒙谷先生一天要吃三十幾個巧克力蛋糕。他知道這麼做會讓他變得更胖，也會引起致命的高血壓和糖尿病。因為他的醫生已經提出警告，並告訴他事情的嚴重性。

我們可以說，蒙谷先生知道他這麼做會造成很嚴

重的後果,但是,他仍然利用自己所擁有的自由,做了他想要的決定。

當他變得非常肥胖,全身都是病的時候,他不能推卸責任。因為他早就知道貪吃的後果,而且他原本可以好好利用自由,做出不一樣的選擇。

我決定了,我要休學!

卡蘿今年六歲,剛上幼稚園大班。她不喜歡上課,所以,她決定休學,再也不去學校了。她只對畫畫有興趣,她覺得閱讀、寫字和算數對畫畫一點幫助也沒有,所以就算不上學也沒關係。

不過,她很在乎兩件事。首先,如果休學的話,她就見不到同學了。卡蘿想了一會兒,然

後,她決定當她想和同學見面時,她可以在校門口等他們下課,或是週末請大家到家裡玩。另一件事和學校餐廳有關。卡蘿很喜歡和同學在那裡吃飯聊天,如果休學的話,她就再也不能去學校餐廳了。

「算了!」卡蘿告訴自己:「我知道我一定會想念學校,不過我很快就會習慣。總之,我決定了,我要休學!」

卡蘿自由地做了一個重人的決定,她不是一時衝動,因為她已經想清楚會有什麼後果,她知道以後再也見不到同學,也不能去學校餐廳,不會閱讀、寫字和算數。

不過,她現在才六歲,沒辦法真的想清楚休學所

帶來的後果。她有可能因為不會閱讀、寫字和算數而被騙；當她長大成為畫家，有可能必須依賴別人的幫忙才能開畫展；如果有一天，她對畫畫不感興趣了，她可能會找不到工作，也不知道自己想做什麼。卡蘿的選擇看似自由，其實不然。

如果我們希望能好好運用我們的自由，為自己做出更好的決定，那麼，就必須了解我們的決定可能帶來的後果。

請給我多一點燈光

當我們半夜走在路上，如果手上只拿一支小手電筒照明，我們一定會跌得鼻青臉腫。如果拿著大火把照亮前方的路，撞到東西的機會便少一些。如果有明亮的探照燈，我們不但能看清楚周圍的一切，也能看得更遠，這樣就可以安心地前進，不會讓自己受傷。

卡蘿只有六歲。在她這個年紀，很難看到休學所帶來的影響，這就好像她用小手電筒來照亮她所選擇的道路。當她漸漸長大，她的想法就會變得越來越成熟，對事情也會有更多的了解。

因此，我們就能理解為什麼小孩所擁有的自由比大人少。

- 我想要晚上十二點才上床睡覺；我只想吃甜食；我想要整天看電視；溜直排輪的時候，我不想戴護膝；我想坐在車子前座，但是不要繫安全帶⋯

小時候，我們都希望能隨心所欲地做自己想做的事，最好能擁有無限的自由！但是，有些事我們卻

不一定能夠了解,比如說,身體在發育的時候,需要足夠的睡眠;如果只吃甜食,就會營養不良;如果坐在前座不繫安全帶,當車子突然煞車時,我們有可能會撞得粉身碎骨⋯

因此,我們必須了解自己的選擇可能帶來的後果和影響,才能自由地做出更好的決定。

守法,也可以很自由

媽媽在超市買菜的時候,夏維自己去逛玩具區。他看見一架很棒的模型飛機,他很想擁有它,但是夏維知道媽媽一定不會買。而他自己也沒有錢,因為昨天和朋友去看電影,把零用錢全花光了。

這時候玩具區只有他一個人，這架模型飛機很小，剛好可以裝進口袋裡。於是，夏維慢慢地拿起模型飛機，先看看四周，然後趕緊把它放進外套的口袋裡。他還在原地站了一會兒，假裝擤鼻涕，幸好沒有被別人看見。

然後他去找媽媽，幫她把菜籃提到收銀台前結帳。他覺得收銀台的小姐用一種很奇怪的眼神看著他，而且收銀台後方站著一個身材高大的警衛，他感覺到收銀台的小姐好像向警衛使了個眼色。夏維開始覺得害怕，於是，他馬上衝到玩具區，把模型飛機放回原來的位置。

夏維最後決定不偷東西。

這一次夏維不偷東西，是因為他害怕被抓到，所以他把模型飛機放回去。這就像有些人看到警察才趕緊繫上安全帶，因為他們害怕被攔下來開罰單。

不過,也許有一天,夏維會因為贊同法律,而決定不偷東西。他會跟開車主動繫上安全帶的人一樣守法。事實上,那些人並不是因為擔心被開罰單,而是因為這麼做比較安全。

也就是說,我們並不會因為守法或守規矩就不自由。即使守法,我們仍然可以很自由。

我要去看奶奶

下午五點鐘,朱利安放學了,今天天氣很好,他打算和朋友一起踢足球。這時候,從對面街上傳來了賣花人的叫賣聲:「黃水仙一束五十元!」於是,朱利安決定買一束黃水仙去探望奶奶。朱

利安心想:「嗯,這花一點都不貴。我想給奶奶一個驚喜,她一定會很高興!」

最後朱利安待在奶奶家吃晚飯,陪她一起玩牌,直到晚上十點多才回家。朱利安的奶奶上床睡覺前,心想:「今晚真是開心!今天朱利安跟上週末來吃午飯的感覺完全不一樣。雖然,上週末他看起來和今天一樣可愛,可是,我總覺得那一天他是被爸媽強迫才來的…」

「我」要去看奶奶!

跟以前和爸媽去奶奶家比起來,今天朱利安帶水仙花去看奶奶,更讓她覺得開心。不過,這兩次的差別並不是水仙花!真正的差別,是朱利安開心地帶著花去拜訪奶奶,而且,奶奶感覺到這一次是朱利安自己的決定。

我們本身擁有的自由,讓我們的行為更有價值。跟被強迫的行為比起來,經由個人自由意志所做的決定,對我們和其他人來說,都有很重要的意義。

然而,有時候我們可能還是要去做那些不願意做的事。如果朱利安的爸媽不強迫他去看奶奶,朱利安就不會對奶奶產生感情,而他也不可能決定主動去看奶奶,跟她共度一個快樂的夜晚。

幫我做決定!

去年的夏令營,爸媽幫琳娜選了一個很棒的活動,而今年夏天她答應再去參加夏令營。

有一天晚上,爸爸帶了一本活動手冊給她看。爸爸說:「今年的活動,妳必須自己決定。我問過了,每個夏令營都還有名額,妳可以去海邊參加帆船營,或是到山上健行,妳也可以到鄉下參加馬術班或是騎越

野車⋯妳看看手冊吧,裡面的資料寫得很詳細。」

琳娜翻了翻手冊說:「看起來都很好玩。」

「每個地方的費用都一樣,妳可以自由選擇妳喜歡的活動。」

「嗯⋯如果你是我,你想去哪裡?」

「我覺得每個活動看起來都很好玩。妳最想參加哪一個?」

「我不知道,這太困難了。我喜歡海邊,也喜歡騎馬,不過,我從來沒爬過山,叫我怎麼決定呢?你不能幫我決定嗎?」

「不行,我不是妳,所以我不能幫妳做決定。不過下禮拜二才報名,妳還有很多時間可以好好考慮。或者,妳也可以決定和表哥們一起去阿姨家玩。」

「天哪!我的腦袋快爆炸了!」

自由，並不像我們想得那麼簡單，所以琳娜希望爸爸幫她做決定。當爸爸讓她自己選擇，琳娜有了選擇的自由，她必須決定自己要做什麼，同時也得為自己的決定負責。其實，擁有自由並不是一件輕鬆的事。

太可惡了！

　　我們有頭腦、有思想、有感覺、有情緒，可以自由地選擇、決定和行動。因此，我們需要最大的自由，自由地做每一個選擇，自由地發展自我，然後創造屬於自己的個性。

　　所以對人們來說，限制自由是一件很可惡的事，因為當自由受到限制，我們的自我同時也受到了限制。

…但是…

有時候,我們的自由會妨礙其他人的自由。

愛麗絲想吹喇叭,可是喬安希望能安靜地睡午覺。

男生想在後院踢足球,但是這樣女生就沒辦法玩遊戲。

查理在院子裡養蜜蜂,結果鄰居被蜜蜂叮得滿頭包。

菲立普在家裡溜直排輪,住在樓下的人必須很大聲地說話,否則根本聽不見。

凱文看電影不想脫帽子,坐在他後面的太太完全看不到螢幕。

露西喜歡挖鼻孔,可是在餐桌上這麼做,會讓其他人吃不下飯。

我們生活周遭的人，跟我們一樣也需要自由。

愛麗絲有吹喇叭的自由，喬安也有睡午覺的自由；男生有踢足球的自由，女生也有玩耍的自由；查理有養蜜蜂的自由，他的鄰居也有不被蜜蜂攻擊的自由；菲立普有溜直排輪的自由，住在樓下的人也有用正常音量和家人說話的自由。凱文有戴帽子的自由，坐在他後面的太太也有看電影的自由。露西有挖鼻孔的自由，其他人也有享受美食的自由。

其實，大家不可能都擁有百分之百的自由。當我們和別人一起生活，個人的自由還是會受到限制。因此為了大家的自由，就必須尋找解決的方法，好讓每個人受到最少的限制，並能擁有最大的自由。

愛麗絲心想，喬安睡午覺的時候，她可以到地下室

吹喇叭；男生和女生可以協議把後院分成兩半，讓大家都能擁有各自的空間；查理可以把蜂窩移到其他的地方；菲立普決定到公園溜直排輪；凱文可以在電影院裡戴帽子，不過他必須壓低身體，才不會擋到後面的人；露西可以獨自一個人的時候，才挖鼻孔。

雖然限制自由是一件很可惡的事⋯但是，如果我們的自由影響到別人，就得重新思考這個問題了。

沙漠、喇叭和愛麗絲

愛麗絲帶著她的喇叭，一個人來到沙漠。她可以在美麗的月光下，吹得很大聲、很久都沒關係。這真是太棒了！她走到沙丘旁邊，把東西放了下來。

想像一下，如果這時候她正好看到一塊告示板⋯

上面寫著:「禁止製造噪音!嚴禁使用收音機、唱片和各種樂器,違者受罰。」

愛麗絲看看四周,沒有半個人。她拿起望遠鏡來看,方圓百里內半個人影都沒有。她心想,也許這個禁令是為了保護動物吧!她找了找,除了幾隻沙漠跳蚤之外,附近並沒有其他的動物。於是,她拿起喇叭,開始吹奏她最喜歡的樂曲。

她這麼做並沒有錯!除非她妨礙別人的自由,否則根本沒有理由禁止她吹喇叭。也就是說,只有為

了維護別人的自由,我們才必須限制自己的自由。

有時候,自由會害死自由

有三個人在學校校門口販賣毒品。寶拉了解毒品的可怕,而她也聽說過那些吸毒者的悲慘下場,但她還是想試試看。寶拉已經成年了,她覺得可以自己決定要不要吸毒,所以她試了毒品。她試了一次、兩次,後來她一個禮拜吸三次毒,最後她每天都吸毒。

寶拉目前有一份工作。她把全部的薪水都拿去買毒品,所以沒有多餘的錢吃飯。她變得很瘦,身體常常生病,精神也很不穩定;她沒有錢可以付房租,她不知道以後要住在哪裡。而且,她可能會失去她的工作。

剛開始的時候,寶拉選擇去嘗試毒品,她認為這是她的自由。當然,她也可以選擇不吸毒,因為她知道毒品會危害身心健康。可是,她還是利用她所擁有的自由做了決定。

不過,這也是她最後一次擁有決定的自由。毒品會傷害她的身體、大腦和神經,寶拉毒品吸得越多,她就越難戒掉。毒品慢慢地侵蝕她的身心,而她所擁有的自由也變得越來越少。當她失去金錢和健康之後,她所擁有的自由,已經渺小到無法用來決定戒毒了。

因此,寶拉並不能說自己是自由地決定去吸毒,因為她無法自由地決定停止吸毒。她已經失去了她的自由。也就是說,有些決定會限制我們未來的自由,甚至會害死自由。

自由有什麼用呢?

奧立佛想要養一隻狗,爸媽對他說:「如果你想養狗,你就得自己照顧牠。每天早上你要提早十分鐘起床,帶狗出去大小便,下課後和晚上睡覺前,要帶狗出去散步。你得幫狗梳毛、餵牠吃東西⋯」爸媽希望他想清楚以後再做決定。

奧立佛很想養狗,但是,他不喜歡太早起床;他也不喜歡放學得先遛狗再出去玩;晚上的時候,他想看一些有趣的電視節目。他想了很久,一直猶豫不決。

最後,奧立佛決定要養狗。這是個重要的決定,因為爸媽把狗帶回家以後,他就再也不能反悔了。

每天奧立佛放學回家的時候,家裡總是亂七八糟。

他的鑰匙才剛插入門鎖,就聽到狗兒汪汪叫。一推開門,小狗就會興奮地撲到他身上,然後他們一起在地上打滾。

不過,讓奧立佛最困擾的是,下課後他得先回家遛狗,晚一點再和朋友一起踢足球。但是,他沒有其他選擇,因為小狗總得大小便。每天早上,小狗還會到床邊不停地舔他的臉頰叫他起床,他只好早起帶小狗去散步。如果遇到下雨天,遛狗就更麻煩了。

不過,養狗也有一些好處。比如說,每天早上帶小狗出去散步,奧立佛可以順便買剛出爐的新鮮麵包。心情不好的時候,他可以跟小狗說心事。不過,還有更棒的事喔!每個週末,他都會帶小狗去上訓練課,在那裡他認識了一位很可愛的女孩,她的名字叫做艾羅。他希望小狗的訓練課程不要太快結束,這樣他就可以繼續見到艾羅…

奧立佛知道，養小狗就必須負起責任，強迫自己做一些不喜歡做的事，生活也會受到限制。不過，如果他只想到養狗的壞處，為了維護自己的自由而決定不養狗，那他就會錯過很多事情，例如，跟小狗一起玩耍、照顧小狗的樂趣、擁有一個分享心事的好朋友，每天吃到新鮮的麵包⋯以及認識艾羅。

我們可以選擇逃避責任，只想擺脫種種束縛，擁

有更多的自由。但是，我們也可以好好利用自由，決定去做一些事，從而發現生活的樂趣，認識新朋友，並且得到更多的快樂⋯

那麼，自由就會變成一種創造快樂的方法，而且它所創造的是一種負責任的快樂。

我的哲學筆記

　　我們會和朋友一起看電影、玩遊戲、做作業、聽音樂⋯有時候，我們也可能只是聚在一起聊天，分享彼此的想法與感覺，而對話就是這樣開始的。這時候，大家不妨選個有趣的主題聊聊吧！

　　在小小哲學咖啡館裡，可以很輕鬆，不需要嚴肅的分析或是精闢的見解，只要敞開心胸，大膽地投入各種主題的討論。我們可以談論父母、老師、朋友，以及愛情、戰爭、榮譽、公平⋯甚至是關於整個世界的大問題！

　　雖然我們不一定會同意別人的看法，也常常為了那些只顧著發表自己的意見，卻一點也不關心別人想法的人而生氣，但是能夠和大家一起討論、交換意見，真的是一件很棒的事！

小小哲學咖啡館

嘿!如果你也覺得這個主意很棒,那為什麼不邀請朋友來參加哲學下午茶,然後將討論的主題和對話記錄下來呢?無論在家裡、學校,或是咖啡館,隨時都可以進行喔!

你知道要怎麼舉辦哲學下午茶嗎?這裡有一些小小的建議:

● 人數最好不超過十個人。

● 當然,需要一些美味的茶點。

● 大家可以隨意席地而坐,只要能自在發言就好!然後,將點心放在大家圍成的圓圈中間…

● 選一個主持人,大家開始提出想討論的主題(除非大家已經決定要討論什麼題目了)。

● 每個人想一想自己喜歡哪個主題,但是不要跟旁邊的人說,以免影響別人。

● 投票選出大家最想討論的題目。注意,一人一票喔!

● 票數最高的題目就是今天的討論主題。

另外,還有一些很重要的事,我們必須知道,例如:專心聽別人說話,不要用言語互相攻擊,傾聽不同的意見,以及每個人都有發言的機會。不必擔心,在討論的過程當中,我們很快地就會學到,並且了解這些「討論方法」。

哲學下午茶要開始了,讓我們一起享受思考的樂趣吧!

主題討論：自由與不自由

果汁、蛋糕和主題已經準備好了，今天我們討論的主題是「自由與不自由」。如果不知道該從哪裡開始（這樣的情形發生過不少次，大家面面相覷不知道該說什麼），這裡有一些線索，可以提供給大家參考。

● 卡蘿決定休學，我們為什麼會說這不算是一個自由的選擇呢？（第19頁）

● 琳娜可以自己選擇要去哪個夏令營，有沒有人了解為什麼琳娜會覺得很困難呢？（第27頁）

● 有沒有人曾經像琳娜一樣，可以自由地做決定卻覺得難以選擇，不知道該怎麼辦才好？（第27頁）

🟣 大家對寶拉的故事有什麼感想或看法？你們是否認識像她一樣的人呢？（第34頁）

為了讓討論更順利，我們可以參考書中的內容，由某個人朗讀書中的一段話，或是其中一則小故事。這樣可以幫助我們去思考這些可能發生在我們身上，或發生在別人身上的故事。然後，大家互相分享彼此的想法，並且試著了解故事所要傳達的訊息。

🟣 我們也可以互相提問，然後一起討論。有時候我們會發現，有些問題找不到答案，或是這個問題背後隱藏著另一個問題，然後又會帶出另一個⋯

🌅 下面還有更多有趣的問題,大家可以花上好幾個小時來討論呢!

「為什麼小孩所擁有的自由比大人少呢?」;「自由,就是隨心所欲做自己想做的事嗎?」;「自由有什麼用呢?」;「在什麼樣的情況下,我們才算是真正擁有自由呢?」;「我們有可能擁有百分之百的自由嗎?」;「守規矩也可以很自由嗎?」;「蜜蜂也有自由嗎?」

在閱讀中思考,在思考中玩耍,讓心中的哲學種子萌芽、長大!

布莉姬・拉貝 Brigitte Labbé
專職作家。在巧克力和甜點的包圍下，她與孩子們在學校、圖書館⋯甚至在咖啡館裡，讓「哲學種子」變得栩栩如生。

米歇爾・布許 Michel Puech
法國索邦大學哲學教授。

傑克・阿薩 Jacques Azam
知名插畫家，平時多為雜誌及青少年刊物繪圖。

Libre et pas libre
Written by Brigitte Labbé & Michel Puech Illustrated by Jacques Azam
Copyright © 2007 Editions Milan – 300, rue Léon Joulin – 31101 Toulouse Cedex 9 – France
Chinese translation copyright © 2008 Magic Box for Kids, Inc.
Complex Chinese language edition arranged with Editions Milan, through jia-xi books co., ltd, Taiwan

哲學種子系列 01
自由與不自由

作者：布莉姬・拉貝 & 米歇爾・布許　　繪者：傑克・阿薩　　譯者：劉德馨
總編輯：何香慧　　藝術總監：何香儒　　法文編輯：吳愉萱
美術設計：Espresso Art Studio

出版：米奇巴克有限公司　　地址：10090台北市羅斯福路四段56號7F-1
電話：(02)2369-8982　　傳真：(02)2367-3586　　E-mail：magicboxco@giga.net.tw
劃撥帳號：19635735　　戶名：米奇巴克有限公司
ISBN：978-986-84566-4-8　　定價：230元　　出版日期：2008年11月初版一刷

總經銷：展智文化事業股份有限公司　　電話：886-2-2251-8345
港澳總代理：香港讀書人書店　　電話：852-2739-7932

All rights reserved.